EDWARD LAMBERT

APPRENEZ A CLARIFIER ET FAIRE BOUILLIR LE SUCRE, AINSI QU'A CONSERVER TOUTES SORTES DES FRUITS, SECS ET LIQUIDES.

Traduit par Patrick KUNYIMA LUPUMBA

CONTENUS

1. De la manière de clarifier le sucre et des différentes manières de le faire bouillir.

Puisque le travail de base de l'art du pâtissier dépend de la connaissance de la clarification et de l'ébullition des sucres, je les exposerai ici distinctement, afin que les divers termes mentionnés ci-après puissent être mieux compris; qui, une fois bien compris, empêchera les inutiles répétitions, qui encombreraient l'Œuvre et confondraient le pratiquant, si elles devaient être expliquées dans chaque article, comme la variété de la matière devrait l'exiger: je m'en tiendrai donc, à travers tout le Traité, à ces dénominations des divers degrés de Sucre bouillant, à *savoir*. Clarifiant, lisse, soufflé, plumé, craquelé et carmel.

1.1. Pour clarifier le sucre.

Brisez dans votre casserole le blanc d'un œuf, mettez-y quatre litres d'eau, battez-le jusqu'à une mousse avec un fouet, puis mettez douze livres de sucre, mélangés ensemble, et placez-le sur le feu; quand il bout, mettez un peu d'eau froide, ce qui le fera couler; laissez-la remonter, puis mettez un peu plus d'eau; faites ainsi pendant quatre ou cinq fois, jusqu'à ce que l'écume apparaisse épaisse sur le dessus; puis retirez-le du Feu et laissez-le s'installer; puis enlevez l'écume et passez-la dans votre sac filtrant.

Remarque : si le sucre ne semble pas très fin, vous devez le faire bouillir à nouveau avant de le filtrer; sinon, en le faisant bouillir à une hauteur, il se lèvera au-dessus de la casserole et causera beaucoup de problèmes à l'artiste.

1.2. Le sucre bouillant au degré appelé lisse.

Lorsque votre Sucre est ainsi clarifié, mettez la Quantité pour laquelle vous aurez l'Occasion sur le Feu, à bouillir lisse, ce que vous prouverez en plongeant votre Scummer dans le Sucre; puis en le touchant avec votre index et votre pouce, en les ouvrant un peu, vous verrez un petit fil tiré entre les deux, qui se brise immédiatement et reste en goutte sur votre pouce; c'est donc un peu lisse; puis en le faisant bouillir davantage, il attirera dans une plus grande chaîne; alors il est devenu très lisse.

1.3. Le sucre soufflé

Faites bouillir votre sucre encore plus longtemps que l'ancien, et essayez-le ainsi, à *savoir*. Trempez dans votre Scummer et sortez-le, secouez le sucre que vous pouvez dans la casserole, puis soufflez fortement avec votre bouche à travers les trous, et si certaines bulles ou vessies soufflent, il est bouilli au degré appelé soufflé.

1.4. Le sucre à plumes

Est un degré plus élevé de sucre bouillant, qui doit être prouvé en trempant le Scummer quand il a bouilli un peu plus longtemps; secouez-le d'abord sur la casserole, puis donnez-lui un coup de fouet derrière vous; si cela suffit, le sucre s'envolera comme des plumes.

1.5. L'ébullition crépitante

Est prouvé en le laissant bouillir un peu plus longtemps; puis tremper un bâton dans le sucre, qui se retirera immédiatement dans un pot d'eau froide à vos côtés à cet effet, en retirant le sucre qui se fend au bâton, et s'il devient dur et se cassera dans l'eau, c'est assez; sinon, vous devez le faire bouillir jusqu'à ce qu'il atteigne ce degré.

Notez que votre eau doit toujours être très froide, sinon elle vous trompera.

1.6. Le Sucre du Carmel

Est connu en faisant bouillir encore plus longtemps, et est prouvé en trempant un bâton, comme mentionné ci-dessus, d'abord dans le sucre, puis dans l'eau: mais vous devez observer cela, quand il s'agit à la hauteur du Carmel, il se cassera comme du verre au moment où il touche l'eau froide, qui est le plus haut et le dernier degré de sucre bouillant.

Notez , il y a ceci à observer, que votre feu ne soit pas très féroce lorsque vous faites bouillir ceci, de peur que le feu des côtés de votre casserole ne fasse brûler le sucre et le décolore ainsi.

2. Pour conserver le liquide Séville-Oranges.

Prenez les meilleures oranges de Séville et coupez-les très soigneusement, mettez-les dans le sel et l'eau pendant environ deux heures; puis faites-les bouillir très tendres jusqu'à ce qu'une épingle y pénètre facilement; puis égouttez-les bien de l'eau, et mettez-les dans votre casserole de conservation, en y mettant autant de Sucre clarifié que vous les recouvrirez, en déposant dessus une trancheuse ou une plaque pour les maintenir en place; puis mettez-les au feu, et faites-les chauffer par degrés jusqu'à ébullition; puis laissez-les bouillir rapidement jusqu'à ce que le sucre les recouvre dans une mousse; puis mettez-les au jour suivant, quand vous devez en vider le sirop, et faites-le bouillir jusqu'à ce qu'il devienne très lisse, en ajoutant un peu plus de sucre clarifié; mettez-le sur les oranges, et donnez-leur une ébullition, puis faites-les passer au prochain Jour, quand vous devez faire comme la veille. Le quatrième jour, égouttez-les et filtrez votre sirop dans un sac et faites-le bouillir jusqu'à ce qu'il devienne très lisse; puis prenez un autre Sucre clarifié, faites-le bouillir jusqu'à ce qu'il souffle très fort, et prenez de la Gelée de Pippins tirée des Pippins, comme je vais immédiatement l'exprimer, avec le Jus de quelques autres Oranges: Par exemple, si vous avez six Oranges, après qu'ils sont conservés comme indiqué ci-dessus, prenez deux livres de sucre clarifié, faites-les bouillir très fort; puis une pinte et la moitié de Pippin Jelly, et le jus de quatre ou cinq oranges, bouillir tous ensemble; puis mettez le sirop qui a été filtré et bouilli pour être très lisse, et faites bouillir le tout; puis mettez vos oranges dans vos pots ou verres, et remplissez-les avec la gelée faite ci-dessus; lorsqu'ils sont froids, couvrez-les et mettez-les en service.

Remarque , vous devez être sûr dans toutes vos ébulli-
tions d'éliminer l'écume, sinon vous mettriez en danger
leur fonctionnement: et si vous trouvez qu'ils nageront
au-dessus de votre gelée, vous devez les lier avec un brin
d'un fouet propre.

3. Pour dessiner une gelée de Pip-
pins.

Prenez les Pippins les plus beaux et les plus fermes, ver-
sez-les dans de l'eau claire, autant qu'elle les couvrira; mettez-les sur un feu rapide et faites-les bouillir en
purée; puis mettez-les sur un tamis au-dessus d'une casserole en terre, et pressez toute la gelée, que la gelée filtre à
travers un sac, et utilisez comme indiqué dans les oranges
susmentionnées, et telles autres qui seront décrites ci-
après.

4. Faire de la marmelade d'orange.

Prenez six oranges, râpez-en deux écorces sur une râpe,
puis coupez-les toutes, et choisissez la chair des peaux et
des graines; mettez-y la croûte râpée et environ une demi-
pinte de gelée de Pippin; prenez le même poids de sucre
que vous avez de cette viande si mélangée; faites bouillir
votre sucre jusqu'à ce qu'il souffle très fort; puis mettez la
viande et faites bouillir le tout très rapidement jusqu'à ce
qu'elle devienne une gelée, que vous trouverez en trempant le Scummer et en le tenant pour égoutter; si c'est une
gelée, elle se détachera du Scummer en flocons; sinon, il
coulera dans de petits ruisseaux: quand c'est une bonne
gelée, mettez-la dans vos verres ou vos pots.

Remarque : si vous trouvez cette composition trop sucrée, vous pouvez dans l'ébullition ajouter plus de jus d'oranges; la rapidité différente dont ils disposent rend la prescription difficile.

5. Pour conserver les oranges avec une marmelade en eux.

Parez vos oranges comme avant, faites un trou rond dans le fond, là où poussait la tige, la grandeur d'un shilling; sortez la viande et mettez-les dans du sel et de l'eau pendant deux ou trois heures; puis faites-les bouillir très tendres, puis mettez-les dans du sucre clarifié, faites-les bouillir le lendemain, égouttez le sirop et faites-le bouillir jusqu'à ce qu'il devienne lisse; mettez vos oranges et faites-les bouillir. Lorsqu'ils sont un peu froids, égouttez-les et remplissez-les d'une marmelade faite comme indiqué précédemment, en mettant le morceau rond que vous avez découpé; avec le sirop, un autre sucre et du jus de Pippin, faites une gelée et remplissez vos pots ou verres.

6. Faire une compote d'oranges.

Coupez la croûte de vos oranges en côtes, en laissant une partie de la croûte; coupez-les en huit quarts, jetez-les dans l'eau bouillante; quand une épingle passera facilement à travers la croûte, égouttez-les et mettez-les dans de l'eau bouillante, lorsqu'une épingle passera facilement à travers l'écorce, égouttez-les et mettez-les dans autant de sucre bouilli, jusqu'à ce qu'elles deviennent lisses, comme elles les recouvriront, faites bouillir ensemble, en ajoutant du jus d'oranges à la netteté que vous voulez

; vous pouvez mettre un peu de Pippin Jelly dans l'ébulli-tion, s'il vous plaît; lorsqu'ils sont froids, servez-les à table sur assiettes.

7. Faire des anneaux d'orange et des fagots.

Parez vos oranges aussi minces et aussi étroites que possible, mettez les parings dans l'eau, pendant que vous préparez les anneaux, ce qui est fait en coupant les oranges ainsi parées en autant d'anneaux que vous le souhaitez; puis découpez la viande de l'intérieur; puis mettez les anneaux et les fagots dans l'eau bouillante; les faire bouillir jusqu'à tendreté; puis mettez-les dans du Sucre clarifié, autant qu'il les couvrira; placez-les jusqu'au lendemain; puis faites bouillir tous ensemble, et laissez-les reposer jusqu'au lendemain; puis égouttez le sirop et faites-le bouillir jusqu'à ce qu'il soit très lisse; puis remettez-y vos oranges et faites bouillir tout; le lendemain, faites bouillir le sirop jusqu'à ce qu'il monte presque au sommet de votre casserole; puis remettez-y les oranges et faites-y bouillir; puis mettez-les dans un pot pour être confites, comme mentionné ci-après, chaque fois que vous en aurez l'occasion.

8. Pour sucrer l'orange, le citron et le citron.

Égouttez la quantité que vous allez nettoyer en bonbon du sirop, lavez-la dans de l'eau tiède et déposez-la sur un tamis pour égoutter; puis prenez autant de Sucre clarifié que vous pensez qu'il couvrira ce que vous allez sucrer, faites-le bouillir jusqu'à ce qu'il souffle très fort, puis mettez vos anneaux et faites-les bouillir jusqu'à ce qu'il souffle à nouveau; puis prenez-le du feu et laissez-le refroidir un peu; puis avec le dos d'une cuillère, frottez le sucre contre l'intérieur de votre casserole jusqu'à ce que vous voyiez que le sucre devienne blanc; puis avec une fourchette sortez les anneaux un par un, posez-les sur une grille métallique pour égoutter, puis mettez vos Fagots et faites-les bouillir comme indiqué précédemment; puis frottez le sucre et prenez-les en grappes, en ayant un corps pour les couper avec une paire de scizers à votre guise, en les déposant sur votre fil pour les égoutter.

Remarque : ainsi pouvez-vous confectionner toutes sortes d'oranges et de citron-Peals ou chips.

Les anneaux de citron et les fagots sont faits de la même manière, avec cette distinction seulement, que les citrons doivent être épurés deux fois, que l'Anneau soit le plus blanc; vous aurez donc deux sortes de fagots: mais vous devez être sûr de garder la croûte extérieure de l'autre, sinon elle les décolore.

9. Faire des gâteaux à l'orange.

Prenez six oranges sévères, râpez les écorces de deux d'entre elles, puis coupez les écorces des six au jus même; les faire bouillir dans l'eau jusqu'à ce qu'ils soient très tendres; puis pressez toute l'eau que vous pouvez et battez-les en pâte dans un marbre-mortier; puis frottez-le à travers un tamis à cheveux; ce qui ne frottera pas facilement doit être battu de nouveau jusqu'à ce que tout soit passé; puis coupez en morceaux l'intérieur des oranges, et frottez-en autant que vous le pouvez; puis faites bouillir environ six ou huit Pippins dans autant d'Eau que cela les couvrira presque, et faites-les bouillir en une pâte, et frottez-la à travers un tamis jusqu'au reste; puis mettez le tout dans une casserole ensemble, et donnez une chaleur complète, jusqu'à ce qu'il soit bien mélangé; puis à chaque livre de cette pâte, prenez une livre et un quart de pain de sucre; clarifier le Sucre et le faire bouillir jusqu'au Crick; puis mettez votre Pâte et le Peal râpé, et remuez tout ensemble sur un feu lent jusqu'à ce qu'il soit bien mélangé, et le sucre tout fondu; puis avec une cuillère vos moules en fer-blanc ronds aussi vite que possible; lorsqu'il est froid, retirez vos moules et mettez-les dans un poêle chaud pour qu'ils sèchent; une fois sec sur les dessus, allumez-les sur des tamis pour qu'ils sèchent de l'autre côté; et lorsqu'ils sont assez secs, les emballer.

10. Gâteaux au citron

Prenez six citrons à croûte épaisse, râpez-en deux, puis coupez tout le Peal jaune, et dépouillez le blanc jusqu'au jus, que le blanc fait bouillir jusqu'à ce qu'il soit tendre, et faites une pâte exactement comme ci-dessus.

11. Pour conserver les White-Citrons

Coupez vos White-Citrons en morceaux de la taille que vous voulez; mettez-les dans l'eau et le sel pendant quatre ou cinq heures; puis lavez-les à l'eau claire et faites-les bouillir jusqu'à ce qu'ils soient tendres; puis égouttez-les, mettez-les dans autant de Sucre clarifié qu'il en couvrira, et mettez-les au lendemain; puis égouttez le sirop et faites-le bouillir un peu lisse; une fois refroidi, mettez-le sur vos Citrons; le lendemain, faites bouillir votre sirop bien lisse et versez sur vos citrons; le lendemain, faites bouillir tous ensemble et mettez dans une marmite pour être confits, ou mettez en gelée, ou composez à votre guise.

Remarque , vous devez examiner ces fruits ainsi conservés dans le sirop; et si vous voyez de la mousse sur eux, vous devez leur faire bouillir; et si par hasard ils deviennent très mousseux et aigres, vous devez d'abord faire bouillir le sirop, puis tous ensemble.

12. Pour conserver Golden-Pippins en gelée.

Parez vos Pippins de tous les spots, et avec un couteau à pointe étroite, faites un trou à travers eux, puis faites-les bouillir dans de l'eau claire environ un quart d'heure; puis égouttez-les et prenez autant de Sucre que vous en couvrirez; faites-le bouillir jusqu'à ce qu'il souffle très fort, puis mettez vos Pippins et faites-leur bouillir; laissez-les refroidir un peu, puis donnez-leur une autre ébullition; puis si vous avez, par exemple, une douzaine de Pippins, prenez une livre de sucre et faites-la bouillir jusqu'à ce qu'elle souffle très fort; puis mettez dans une demi-pinte de gelée de Pippin et le jus de trois ou quatre citrons; faire bouillir tous ensemble et mettre aux Golden-Pippins; donnez-leur tous une ébullition, écumez-les et mettez-les dans les verres ou les pots.

13. Sécher Golden-Pippins.

Parez vos Pippins et faites-y un trou, comme ci-dessus, puis pesez-les et faites-les bouillir jusqu'à ce qu'ils soient tendres; puis sortez-les de l'eau, et pour chaque livre de Pippins, prenez une livre et demie de pain de sucre, et faites-la bouillir jusqu'à ce qu'elle souffle très fort; puis mettez le fruit et faites-le bouillir très vite, jusqu'à ce que le sucre vole partout dans la casserole; puis laissez-les reposer, refroidissez-les, écumez-les et laissez-les reposer jusqu'au lendemain, puis égouttez-les et laissez-les sécher en les saupoudrant de sucre fin avant de les mettre dans la cuisinière; le lendemain, retournez-les et saupoudrez-les à nouveau, une fois sèches, emballez-les.

Remarque , vous devez les sécher en tranches ou en quartiers, de la même manière.

14. Pour faire des gâteaux transparents à l'orange.

Prenez les meilleurs Pippins, coupez-les dans autant d'Eau que cela les couvrira; faites-les bouillir en purée; puis appuyez sur la gelée sur un tamis et filtrez-la dans un sac, en ajoutant du jus d'oranges pour lui donner un goût agréable: pour chaque livre de gelée, prenez une livre et un quart de pain Sucre, faites-le bouillir jusqu'à ce qu'il craque, puis mettez dans la gelée et le zeste d'une orange râpée ou deux, remuez doucement sur un feu lent, jusqu'à ce que tout soit incorporé ensemble; puis enlevez-le, et remplissez vos verres à gâteaux clairs, ce que l'écume se pose sur le dessus, vous devez soigneusement le ratisser avant qu'ils ne soient froids, puis les mettre dans la cuisinière; quand vous en trouvez une croûte sur le côté supérieur, retournez-les sur des carrés de verres et faites-les sécher à nouveau; quand ils commencent à avoir un bonbon tendre, coupez-les en quartiers, ou ce que vous voulez, et laissez-les sécher jusqu'à dur, puis mettez-les sur des tamis; une fois complètement sec, mettez-les dans vos boîtes.

Notez que lorsqu'ils commencent à transpirer dans la boîte, vous devez les déplacer de temps en temps, et il sera nécessaire de ne pas mettre plus d'une rangée dans une boîte au début, jusqu'à ce qu'ils ne transpirent pas.

Les gâteaux de couleur citron sont faits avec des citrons, comme ceux-ci.

15. Pour faire des gâteaux clairs à la grenade.

Dessinez votre gelée comme pour les gâteaux clairs à l'orange, puis faites-y bouillir le jus de deux ou trois graines de grenade, et le tout avec le jus d'une orange et d'un citron, l'écorce de chaque râpé, puis filtrez-le dans un sac, et à chaque livre de gelée mettez une livre et un quart bouilli jusqu'à ce qu'il craque pour aider la couleur à un rouge fin; mettre dans une cuillerée de Cocheneal, préparée comme indiqué ci-après; puis remplissez vos lunettes et commandez-les comme votre Orange.

16. Préparer Cocheneal

Prenez une once de Cocheneal et battez-la en une poudre fine, puis faites-la bouillir dans trois quarts de pinte d'eau jusqu'à la consommation d'une moitié, puis battez une demi-once de gardon allum et une demi-once de crème de tartre très très bien, et mettez-les dans le Cocheneal, faites-les bouillir tous ensemble un peu de temps et passez-le dans un sac fin, que vous mettez dans une fiole et que vous gardez pour l'utilisation.

Remarque : si une once de pain de sucre est bouillie avec elle, elle empêchera de mouler ce que vous n'utilisez pas immédiatement.

17. Pour faire des nœuds Pippin.

Parez vos Pippins, pesez-les, puis mettez-les dans votre moule à conserves; à chaque livre mettez quatre onces de sucre, et autant d'eau qu'il en sera rare les couvrir; les faire bouillir en pulpe, puis les réduire en pâte à travers un tamis; puis à chaque livre de pommes que vous avez pesée, prenez une livre de sucre clarifié, faites-la bouillir jusqu'à ce qu'elle craque presque, puis mettez la pâte et mélangez-la bien à feu lent, puis retirez-la et versez-la sur de l'étain plat. assiettes ou fond de vaisselle, à l'épaisseur de deux couronnes; placez-les dans le poêle pendant trois ou quatre heures, puis coupez-les en fines lamelles et transformez-les en nœuds à la forme ou à la taille que vous voulez; mettez-les dans le poêle pour sécher, en les époussetant un peu, retournez-les et séchez-les de l'autre côté, et une fois complètement sec, mettez-les dans votre boîte.

Remarque , vous pouvez les rendre rouges en ajoutant un peu de Cocheneal, ou du vert en mettant un peu de la couleur suivante.

18. Pour préparer une couleur verte.

Prenez Gumbouge un quart d'once, d'indico et de bleu de même quantité; battez-les très bien dans un mortier en laiton et mélangez-y une cuillerée d'eau, vous obtiendrez ainsi un vert fin; quelques gouttes suffisent.

19. Faire une compote de poires Boonchretien.

Parez vos fruits et coupez-les en tranches, échaudez-les un peu, en pressant un peu de jus de citron dessus dans l'échaudage pour les garder blancs; puis égouttez-les et mettez autant de Sucre clarifié qu'il suffit de les recouvrir, donnez-leur une ébullition, puis pressez le jus d'une orange ou d'un citron, que vous approuvez le mieux, et servez-les à table lorsqu'ils sont froids.

20. Compote de gardiens au four

Faites cuire vos gardiens dans une marmite en terre, avec un peu de claret, des épices, du zeste de citron et du sucre; quand vous les utiliserez, décollez la peau et habillez-les en assiettes, entières ou en demi-teintes; puis faites une Gelée de Pippins, bien aiguisée avec le Jus de

Citrons, et versez-la dessus, et quand elle est froide, cassez la Gelée avec une cuillère, ainsi elle aura l'air très agréable sur les poires rouges.

21. Zeste d'oranges de Chine.

Parez l'écorce extérieure des oranges très mince, et ne la répandez qu'avec du sucre en poudre fin, autant que leur propre humidité en prendra, séchez-les dans un poêle chaud.

22. To Rock Candy-Violets.

Retirez les feuilles des violettes, puis faites bouillir certains des meilleurs sucres à pain jusqu'à ce qu'il souffle très fort, qui se versent dans votre casserole à confiser, étant en étain, sous la forme d'une lèchefrite, d'environ trois pouces de profondeur; puis répandez les feuilles des fleurs aussi épaisses que possible sur le dessus; puis mettez-le dans une cuisinière chaude pendant huit ou dix jours; quand vous voyez qu'il est dur confit, brisez un trou dans un coin de celui-ci et égouttez tout le sirop qui en coulera, puis éclatez-le et posez-le sur des tas sur des assiettes pour qu'il sèche dans le poêle.

23. Pour sucrer les violettes entières.

Prenez les violettes doubles, cueillez la tige verte, puis faites bouillir du sucre jusqu'à ce qu'il souffle très fort; jetez les violettes et faites-les bouillir jusqu'à ce qu'elle souffle à nouveau, puis avec une cuillère, frottez le sucre contre le côté de la casserole jusqu'à ce qu'il soit blanc, puis remuez tout jusqu'à ce que le sucre les laisse; puis tamisez-les et séchez-les.

Notez que les Junquils sont réalisés de la même manière.

24. Pour préserver Angelico en nœuds.

Prenez de jeunes et épaisses tiges d'Angelico, coupez-les en longueurs d'environ un quart de verge, puis échaudez-les; ensuite mettez-les dans de l'eau froide, puis enlevez les peaux et coupez-les en fines lamelles; puis déposez-les sur votre moule à conserves, puis mettez-leur un sucre fin, c'est-à-dire une partie de sucre clarifié et une partie d'eau; puis placez-le au-dessus du feu et laissez-le bouillir, et laissez-le reposer jusqu'au lendemain, puis retournez-le dans la casserole et faites-lui bouillir une autre; le lendemain égouttez-le et faites bouillir le sucre jusqu'à ce qu'il soit un peu lisse, puis versez-le sur votre Angelico, et si c'est un bon vert, ne le faites plus bouillir, sinon, réchauffez-le; le lendemain, faites bouillir le sucre jusqu'à ce qu'il soit bien lisse et versez-le sur votre Angelico; le jour suivant, faites bouillir votre sirop jusqu'à ce qu'il monte au sommet de votre casserole, puis mettez votre Angelico dans votre casserole et versez votre sirop dessus,

25. Pour le sécher

Égouttez la quantité que vous voulez du sirop et faites bouillir autant de sucre que vous le couvrirez jusqu'à ce qu'il souffle, mettez votre Angelico et faites-lui bouillir jusqu'à ce qu'il souffle à nouveau; lorsqu'il est froid, égouttez-le, attachez-le en nœuds et mettez-le dans un poêle chaud pour qu'il sèche, en le dépoussiérant un peu; une fois sec d'un côté, tournez-le et séchez l'autre, puis emballez-le.

26. Pour conserver Angelico en bâtonnets

Prenez Angelico, pas tout à fait aussi jeune que l'autre, coupez-le en petits morceaux d'environ un demi-quart de verge, ou moins, mettez-le un peu à l'échelle, puis égouttez-le et mettez-le dans un sucre fin comme avant; faites-le bouillir un peu, le lendemain, retournez-le dans la casserole du bas vers le haut, et faites-le bouillir, alors terminez-le comme l'autre pour les nœuds.

Remarque : lorsque vous le sucrerez, vous devez le vider du sirop, le laver et le sucrer comme l'orange et le citron.

27. Angelico-Paste.

Prenez l'Angelico le plus jeune et le plus vigoureux que vous puissiez obtenir, faites-le bouillir très tendre, puis égouttez-le et pressez toute l'eau que vous pouvez, puis battez-le dans un mortier pour obtenir une pâte aussi fine que possible, puis frottez-la à travers un Tamis; Le lendemain, séchez-le sur un feu, et à chaque livre de cette pâte, prenez une livre de sucre fin en poudre fine; lorsque votre pâte est chaude, mettez le sucre en remuant sur un feu doux jusqu'à ce qu'il soit bien incorporé; quand c'est fait, déposez-le sur des plaques longues ou rondes, comme vous le jugerez convenable; dépoussiérez-le un peu et mettez-le dans le poêle pour qu'il sèche.

28. Pour conserver les abricots verts

Prenez les abricots quand vous êtes sur le point de dénoyauter, avant qu'il ne devienne trop dur pour qu'une épingle puisse facilement y pénétrer; les couper en côtes très proprement parce que chaque coup du couteau sera vu; puis mettez-les dans de l'eau claire pendant que vous les coupez, puis faites-les bouillir jusqu'à ce qu'elles soient suffisamment tendres pour glisser facilement de votre épingle, puis égouttez-les, et mettez-les dans un sucre fin, c'est-à-dire une partie de sucre clarifié et une partie d'eau ; les faire bouillir un peu, puis les remettre au lendemain, puis leur donner une autre ébullition; le lendemain, égouttez-les et faites bouillir votre sirop un peu onctueux, et mettez-leur le tout en leur faisant bouillir; le lendemain, faites bouillir votre sirop un peu lisse et mettez-le dessus sans faire bouillir vos fruits; puis laissez-les rester dans le sirop quatre ou cinq jours; puis faites bouillir un peu plus de sucre jusqu'à ce qu'il souffle, et ajoutez-le à eux; donnez à tous une ébullition, et laissez-les être jusqu'au lendemain; puis égouttez-les du sirop et laissez-les sécher, saupoudrez-les d'un peu de sucre fin avant de les mettre dans la cuisinière.

29. Pour les mettre en gelée

Vous devez les conserver dans le sirop si bien conservé jusqu'à ce que les Codlins soient assez bien cultivés; prenez soin de leur rendre visite parfois pour qu'ils ne sèchent pas, qui s'ils le font, le sirop sera perdu; par raison il deviendra boueux, et alors vous serez obligé de faire votre gelée avec tout le sucre frais, qui sera trop sucré; mais quand les Codlins sont d'une ampleur indifférente, tirez-en une gelée comme chez Pippins, comme vous le voyez ; puis égouttez les abricots du sirop, faites-le bouillir et passez-le dans vos sacs de souche; puis faites bouillir du sucre (proportionnel à votre quantité d'abricots que vous prévoyez de mettre) jusqu'à ce qu'il souffle, puis mettez la gelée et faites-la bouillir un peu avec le sucre, puis mettez le sirop et les abricots, et faites-les bouillir ensemble jusqu'à ce que vous trouviez que le sirop sera une gelée; puis retirez-les du feu et écumez-les très bien, et mettez-les dans vos pots ou verres, en observant pendant qu'ils refroidissent s'ils sont réguliers dans les verres pour couler, et dispersez-les à une distance appropriée, et lorsqu'ils sont complètement froids pour les couvrir. eux.

30. Pour conserver les amandes vertes.

Prenez les amandes quand elles sont assez bien cultivées et faites une lessive avec du bois ou des cendres de charbon et de l'eau; faites bouillir la lessive jusqu'à ce qu'elle soit très lisse, passez-la dans un tamis et laissez-la reposer jusqu'à ce qu'elle soit claire, puis versez le Clear dans une autre casserole, puis mettez-le sur le feu afin de blanchir le duvet qui se trouve sur les amandes, qui vous devez faire de cette manière, à *savoir*. quand la lessive est brûlante, jetez-y deux ou trois amandes, et essayez, quand elles l'ont été depuis quelque temps, si elles vont blanchir; s'ils le veulent, mettez le reste, et le moment où vous trouverez leurs peaux se détacheront, retirez-les du feu, mettez-les dans de l'eau froide, et blanchissez-les un par un en les frottant avec du sel, pour mieux les nettoyer; lorsque vous l'avez fait, lavez-les dans plusieurs Eaux, le mieux vaut les nettoyer, en bref, jusqu'à ce que vous ne voyiez pas de terre dans l'eau; lorsque vous avez fait cela, jetez-les dans de l'eau bouillante et laissez-les bouillir jusqu'à ce qu'ils soient très tendres, jusqu'à ce qu'une épingle passe très facilement à travers eux; puis égouttez-les, et mettez-les dans du Sucre clarifié sans Eau, ils étant assez verts, ne nécessitent pas un Sucre fin pour les amener à une Couleur, mais, au contraire, s'ils sont trop chauffés, ils deviendront un Vert trop foncé; le lendemain, faites bouillir le sirop et mettez-le dessus; le lendemain, faites-le bouillir jusqu'à ce qu'il devienne très lisse; le jour suivant, faites bouillir tous ensemble, écumez-les et laissez-les reposer quatre ou cinq jours; ensuite, si vous voulez les sécher ou les mettre dans de la gelée, vous devez suivre les instructions comme pour les abricots verts.

Remarque : si vous avez un Compose de l'un ou l'autre, ce n'est que de les servir à table lorsqu'ils sont entrés pour la première fois, en faisant bouillir un peu plus le sucre.

31. Pour conserver les groseilles vertes.

Prenez la longue sorte de groseilles à maquereau fin *mai* ou début *juin*, avant que la couleur verte ne les ait quittées; mettre de l'eau sur le feu, et quand il est prêt à bouillir, jetez les groseilles à maquereau et laissez-les avoir une échaudure, puis sortez-les et retirez-les soigneusement dans de l'eau froide, et mettez-les sur un feu très lent au vert, couvrez-les très près de sorte qu'aucun de le Steam peut sortir; lorsque vous avez obtenu leur couleur verte, qui sera peut-être de quatre ou cinq heures, égouttez-les doucement dans du Sucre clarifié, et donnez-leur une chaleur; placez-les et donnez-leur une autre chaleur; vous devez répéter cela quatre ou cinq fois afin de les amener à une très bonne couleur verte: ainsi vous pouvez les servir à la table par voie de composition; si vous voulez les conserver soit au sec, soit en gelée, vous devez suivre les indications comme pour les abricots verts précités.

32. Pour conserver les groseilles blanches.

Prenez les grandes groseilles *hollandaises* à maturité, mais avant qu'elles ne soient bien mûres; coupez-les en eau claire et lapidez-les; puis mettez-les dans de l'eau bouillante et laissez-les bouillir très tendre, puis mettez-les dans du sucre clarifié dans une casserole en terre, et mettez-en autant dans une casserole que cela couvrira le fond; puis faites-les attendre jusqu'au lendemain, faites bouillir un peu le sirop et versez-le dessus; le lendemain, faites-le bouillir jusqu'à lisser et verser dessus; le troisième jour, faites-leur un tour d'ébullition doux, en plaçant le côté de la casserole sur le feu, et pendant qu'il bout, en le retournant jusqu'à ce qu'ils aient eu un ébullition partout, le jour suivant, faites une gelée avec des codlins, et terminez-les comme vous faites les autres .

33. Faire sécher les groseilles à maquereau.

À chaque livre de groseilles à maquereau, une fois lapidée, mettez deux livres de sucre, mais faites bouillir le sucre jusqu'à ce qu'il souffle très fort; puis répandez dans les groseilles à maquereau, et donnez-leur une ébullition complète, jusqu'à ce que le sucre vienne partout, laissez-les régler un quart d'heure, puis donnez-leur une autre bonne ébullition, puis écumez-les et faites-les passer jusqu'au lendemain; puis égouttez-les, étalez-les sur des tamis pour les sécher, en les époussetant beaucoup, et mettez un bon feu vif dans le poêle; lorsqu'ils sont secs d'un côté, tournez-les et saupoudrez-les de l'autre; et lorsqu'ils sont assez secs, mettez-les dans votre boîte.

34. Pour faire Goosberry-Paste.

Prenez les groseilles à maquereau à maturité, lavez-les et mettez-les dans votre casserole de conservation, avec autant d'eau de source qu'elle en couvrira presque, et faites-les bouillir très vite en un Pommish; puis les répandre sur un tamis à cheveux au-dessus d'un pot ou d'une casserole en terre, et presser tout le jus; puis à chaque livre de cette pâte, prenez une livre et deux onces de sucre, et faites-la bouillir jusqu'à ce qu'elle craque; puis prenez-le du feu et mettez-le dans votre pâte, et mélangez-le bien sur un feu lent jusqu'à ce que le sucre soit très bien incorporé à la pâte; puis écumez-le et remplissez vos Paste-Pots, puis écumez-les à nouveau, et quand ils sont froids, mettez-les dans le poêle, et lorsqu'ils sont en croûte sur le dessus, retournez-les et remettez-les dans le poêle, et quand un peu sec, coupez les en longs morceaux, et les mettre à sécher complètement; et lorsqu'ils sont tellement croûtés qu'ils supporteront de les toucher, tournez-les sur des tamis et séchez l'autre côté,

Remarque , vous pouvez les rendre rouges ou verts, en mettant la couleur lorsque le sucre et la pâte sont tous mélangés, ce qui lui donne une chaleur totale.

35. Gâteaux clairs à la groseille.

Les gâteaux clairs à la goosberry sont préparés de la même manière que la pâte, avec cette différence uniquement, à savoir que vous passez la gelée dans le sac avant de la peser pour l'utilisation.

36. Sécher les cerises.

Pierre vos cerises et pesez-les, à huit livres de cerises mettez deux livres de sucre, faites-les bouillir jusqu'à ce qu'il souffle très fort: mettez les cerises au sucre, et chauffez-les par degrés jusqu'à ce que le sucre soit complètement fondu, car quand les cerises viennent dedans, il refroidira tellement le sucre qu'il ressemblera à Glew, et si vous le mettez sur un feu rapide au début, cela mettra en danger le brûlage; lorsque vous trouvez que le sucre est tout fondu, faites-les bouillir aussi vite que possible jusqu'à ce que le sucre vole partout, puis écumez-les et mettez-les dans une casserole en terre; car là où le sucre est si fin, il sera susceptible de se canceller dans un cuivre ou un laiton, ou de se tacher dans un argent; le lendemain, égouttez-les et faites bouillir le sucre jusqu'à ce qu'il monte, puis mettez vos cerises, et donnez-leur une ébullition, écumez-les et laissez-les reposer jusqu'au lendemain, puis égouttez-les et posez-les sur des tamis, et séchez-les dans un poêle très chaud.

37. Pour conserver le liquide de cerises.

Prenez les meilleures griottes à maturité, dénoyautez-les ou coupez leurs tiges; et à chaque livre, prenez une livre de sucre, et faites-la bouillir jusqu'à ce qu'elle souffle très fort, puis mettez les cerises, et par degrés, faites-les bouillir aussi vite que vous le pouvez, afin que le sucre puisse venir partout, écumez-les et les mettre par; le jour suivant, faites bouillir un peu plus de sucre au même degré et mettez de la gelée de groseilles, tirée comme indiqué ci-après; Par exemple, si vous faites bouillir une livre de sucre, prenez une pinte de gelée, mettez les cerises et le sirop au sucre; puis ajoutez la gelée et faites bouillir ensemble; écumez-les et remplissez vos verres ou pots; Faites attention pendant qu'ils refroidissent, de les disperser également, sinon ils nageront tous jusqu'au sommet.

38. Pour dessiner la gelée de groseilles

Lavez bien vos raisins de Corinthe, mettez-les dans votre casserole et écrasez-les; puis mettez un peu d'eau et faites-les bouillir à un Pommish; puis saupoudrez-le sur un tamis, et pressez tout votre jus, dont vous faites la gelée pour toutes les sucreries humides qui sont rouges.

Remarque : lorsque la gelée de cassis blanc est prescrite, elle doit être tirée de la même manière; mais observez-le d'abord.

39. Pour faire de la pâte de cerise.

Prenez deux livres de cerises griottes, pierrez-les et pressez le jus; séchez-les dans une casserole et écrasez-les sur le feu; puis pesez-les, et prenez leur poids en sucre très bien battu; chauffez-les au feu jusqu'à ce que le sucre soit bien mélangé, puis habillez-les sur des assiettes ou des verres, saupoudrez-les quand ils sont froids et mettez-les dans le poêle pour qu'ils sèchent.

40. Faire sécher les groseilles en grappes.

Pierre vos groseilles et les attacher en petites grappes, et à chaque livre de groseilles, vous devez faire bouillir deux livres de sucre, jusqu'à ce qu'il souffle très fort, puis glisser dans les groseilles, et les laisser bouillir très vite, jusqu'à ce que le sucre vole partout leur; laissez-les reposer un quart d'heure, puis faites-les bouillir à nouveau jusqu'à ce que le sucre monte presque jusqu'au sommet de la cas-serole, puis laissez-les reposer, écumez-les et laissez-les reposer jusqu'au lendemain; il faut ensuite les égoutter, les disposer, en prenant soin d'étaler les brins pour qu'ils ne sèchent pas en les bouchant ensemble: puis les épous-seter beaucoup, et les sécher dans un fourneau chaud.

41. Pour conserver les groseilles en gelée.

Stone vos raisins de Corinthe, et coupez les dessus noirs, et enlevez-les des tiges, et à chaque livre, faites bouillir deux livres de sucre jusqu'à ce qu'il souffle très fort, puis glissez dans les raisins de Corinthe, et faites-leur bouillir rapidement, puis prenez-les de le Feu et laissez-les s'ins-taller un peu; puis donnez-leur une autre ébullition, et mettez une pinte de gelée de cassis, tirée comme indiqué à la *p. 33* ; faire bouillir tous bien ensemble, jusqu'à ce que vous voyiez que la gelée s'écaillera du Scum-mer; puis retirez-le du feu et laissez-le reposer un peu; puis écumez-les et mettez-les dans vos verres; mais pendant qu'ils refroidissent, prenez soin de les disperser également.

42. Pour préserver les violettes-plombs.

Les aplombs violets sont longtemps jaunes, et sont mûrs au mois de *juin* , qui sont conservés comme suit; mettez-les dans du Sucre clarifié, juste assez pour les recouvrir, et faites-les bouillir assez rapidement; le lendemain, faites-les bouillir à nouveau comme avant; le lendemain, égouttez-les à nouveau, et enlevez leurs peaux, que vous trouverez toutes volées, puis mettez-les dans un sucre, faites-les bouillir jusqu'à ce qu'il souffle un peu, faites-leur bouillir; le lendemain, faites bouillir encore du sucre jusqu'à ce qu'il souffle un peu, faites-leur bouillir; le lendemain, faites bouillir un peu plus de sucre pour souffler très fort, mettez les plombs dans le sirop, faites bouillir un peu et écumez-les; le lendemain, égouttez-les et laissez-les sécher, mais époussetez-les avant de les mettre dans le poêle.

43. Pour conserver les fleurs d'oranger.

Prenez les fleurs d'oranger au moment où elles commencent à s'ouvrir, mettez-les dans de l'eau bouillante et laissez-les bouillir très vite jusqu'à ce qu'elles soient tendres, en mettant un peu de jus de citrons en ébullition, pour les garder blanches; puis égouttez-les et séchez-les soigneusement entre deux serviettes; puis mettez-les dans un Sucre clarifié, autant qu'il les couvrira; le lendemain, égouttez le sirop et faites-le bouillir un peu lisse; lorsqu'il est presque froid, versez-le sur les fleurs; le lendemain, vous pouvez les égoutter et les sécher en les époussetant un peu.

44. Pour les mettre dans Jelly.

Après qu'ils soient conservés, comme indiqué précédemment, vous devez clarifier un peu plus de sucre, avec de l'eau de fleur d'oranger, et faire une gelée de codlins, qui, une fois prête, mettez le sirop de fleurs et tout; Faites-leur bouillir, écumez-les et mettez-les dans vos verres ou pots.

Remarque : lorsque vous faites bouillir le sirop, vous devez ajouter du sucre s'il le souhaite, ainsi que dans le travail des fruits précédents, comme ceux-ci.

45. Pour faire des gâteaux aux fleurs d'oranger

Prenez quatre onces de feuilles de fleurs d'oranger, mettez-les dans l'eau claire pendant environ une heure, puis égouttez-les et mettez-les entre deux serviettes, et avec un rouleau à pâtisserie, roulez-les jusqu'à ce qu'elles soient meurtries; puis faites bouillir une livre de sucre double raffiné jusqu'à un degré de floraison; mettez les fleurs et faites-les bouillir jusqu'à ce qu'elles reviennent au même degré, puis retirez-les du feu et laissez-les refroidir un peu; puis avec une cuillère, broyer le sucre jusqu'au fond ou sur les côtés de la casserole, et quand il devient blanc, versez-le dans de petits papiers ou cartes, faits sous forme de lèchefrite; quand il fait assez froid, sortez-les des casseroles et séchez-les un peu dans une cuisinière.

46. Faire de la pâte de fleur d'oranger.

Faire bouillir une livre de feuilles d'oranger très tendres; puis prenez deux livres et deux onces de sucre double raffiné en poudre fine; et quand vous avez meurtri les fleurs en pulpe, remuez le sucre par degrés sur un feu lent jusqu'à ce que tout soit bien fondu; puis faites de petites gouttes et séchez-les.

47. Pour conserver les abricots entiers

Prenez les abricots à maturité, coupez-les et sortez leurs pierres; alors préparez une casserole d'eau bouillante, jetez-la dedans et ébouillantez-la jusqu'à ce qu'elle monte au sommet de l'eau; puis sortez-les soigneusement avec votre Scummer et posez-les sur un tamis pour les égoutter; puis déposez-les dans votre casserole de conservation, et mettez-y autant de Sucre bouilli à souffler que cela les couvrira, donnez-leur un tour d'ébullition, en mettant la moitié de la casserole sur le feu et en la retournant à mesure qu'elle bout; puis mettez-le plein sur le feu, et laissez-le avoir une ébullition couverte; puis laissez-les régler un Quar[Pg 39]ter d'une heure, et choisissez ceux qui semblent clairs d'un côté, et ceux qui ne le font pas de l'autre; puis faites bouillir ce Côté qui n'est pas clair jusqu'à ce qu'ils le deviennent; et comme ils le font, retirez-les, de peur qu'ils ne bouillent en pâte; quand vous voyez qu'ils se ressemblent tous, donnez-leur une ébullition couverte, écumez-les et faites-les passer; le lendemain, faites bouillir un peu plus de sucre pour souffler très fort, mettez-le aux abricots, et donnez-leur une très bonne ébullition, puis écumez-les, et couvrez-les d'un papier, et mettez-les dans une cuisinière pendant deux jours; puis égouttez-les et étalez-les pour les sécher, en dépoussiérant d'abord les assiettes sur lesquelles vous les posez, puis les abricots, extraordinairement bien, en soufflant ce que le sucre est blanc dessus, puis mettez-les dans un poêle très chaud pour sécher, et sécher d'un côté, les retourner et les épousseter à nouveau; et lorsqu'ils sont assez secs, emballez-les.

Remarque : en les retournant, vous devez faire attention à ce qu'il n'y ait pas de petites vessies, car s'il y en a, vous devez les piquer avec une pointe de couteau à plume et les presser, sinon elles vont souffler et aigrir.

48. Pour conserver les chips d'abricot.

Fendez les abricots, sortez les pierres, coupez-les et transformez-les en forme circulaire avec votre couteau; puis mettez-les dans votre Casserole sans ébouillantage, et mettez autant de Sucre bouilli très lisse que cela les couvrira, puis gérez-les sur le Feu comme les Abricots entiers, écumez-les et mettez-les dans la Poêle; le lendemain, faites bouillir un peu plus de sucre, pour faire bouillir très fort, puis égouttez le sirop des abricots et faites-le bouillir très lisse; puis mettez-le dans le sucre frais et faites-lui bouillir; puis mettez les abricots et faites-les bouillir en premier tour, puis laissez-les avoir une ébullition couverte, écumez-les et couvrez-les d'un papier; puis mettez-les dans le fourneau pendant deux ou trois jours, égouttez-les et laissez-les sécher, en les époussetant d'abord.

49. Pour conserver les abricots en gelée.

Parez et dénoyautez vos abricots, puis échaudez-les un peu, déposez-les dans votre casserole, et mettez-leur autant de sucre clarifié qu'il en couvrira; le lendemain, égouttez le sirop et faites-le bouillir, puis[Pg 41]glissez vos abricots et faites bouillir comme avant; le lendemain, faites une gelée avec des morues, en faisant bouillir quelques abricots parmi eux, pour donner un meilleur goût; lorsque vous avez fait bouillir la gelée à sa bonne hauteur, mettez les abricots avec leur sirop et faites bouillir tous ensemble; quand c'est assez, écumez-les très bien et mettez-les dans vos lunettes.

50. Faire de la pâte d'abricot.

Faire bouillir des abricots mûrs en pulpe et en frotter la fine à travers un tamis; et à chaque livre de pulpe, prenez une livre et deux onces de sucre fin, battues en une poudre très fine; faites bien chauffer votre pâte, puis, par degrés, mettez votre sucre; quand tout est dedans, donnez-lui une chaleur complète sur le feu, mais veillez à ne pas le laisser bouillir; puis enlevez-le et grattez le tout d'un côté de la casserole, laissez-le refroidir un peu, puis avec une cuillère, étalez-le sur des assiettes sous la forme que vous voulez, puis saupoudrez-les et mettez-les dans le poêle pour les sécher.

51. Pour faire des gâteaux clairs à l'abricot.

D'abord, tirez une gelée de Codlins, puis faites bouillir dans cette gelée des abricots très mûrs, qui pressent sur un tamis au-dessus d'une casserole en terre, puis filtrez-la dans votre sac de gelée; et à chaque livre de gelée, prenez la même quantité de pain de sucre fin, qui clarifie et fait bouillir jusqu'à ce qu'il craque; puis mettez la Gelée, et mélangez-la bien, puis donnez-lui une chaleur sur le feu, écumez-la et remplissez vos verres; dans le séchage, commandez-les comme cela a déjà été indiqué à la *p. 16* .

52. Faire de la confiture d'abricots.

Éparez les abricots, sortez les pierres, cassez-les, sortez les noyaux et blanchissez-les; puis à chaque livre d'abricots, faites bouillir une livre de sucre jusqu'à ce qu'elle souffle très fort, puis mettez les abricots et faites-les bouillir très vivement jusqu'à ce qu'ils soient tous cassés, puis enlevez-les et écrasez-les bien, mettez-les dans les noyaux et remuez les tous ensemble au-dessus du feu, puis remplissez vos pots ou verres avec eux.

Remarque , si vous le trouvez trop sucré, vous pouvez mettre un peu de gelée de cassis pour l'aiguiser à votre goût.

53. Pour conserver le liquide de framboises.

Prenez les framboises les plus grosses et les plus belles que vous puissiez obtenir, et pour chaque livre de framboises, prenez une livre et demie de sucre, clarifiez-la et faites-la bouillir jusqu'à ce qu'elle souffle très fort; puis mettez les Framboises et laissez-les bouillir le plus vite possible, en y répandant un peu de Sucre battu fin pendant qu'elles bouillent; quand ils ont eu une bonne ébullition, que le sucre monte partout sur eux, retirez-les du feu et laissez-les reposer un peu, puis donnez-leur une autre ébullition, et mettez à chaque livre de framboises une demi-pinte de gelée de cassis; laissez-les avoir une bonne ébullition, jusqu'à ce que vous voyiez que le sirop est suspendu à Fleeks de votre Scummer; puis retirez-les du feu, enlevez l'écume et mettez-les dans vos verres ou pots.

Remarque , prenez soin de retirer ce qui peut être écume sur le dessus; quand il fait froid, faites un peu de gelée de groseilles et remplissez les verres; puis couvrez-les de papier d'abord mouillé dans de l'eau claire, et séché un peu entre deux chiffons que vous devez mettre près de la gelée; puis essuyez vos lunettes et couvrez-en le dessus avec un autre papier.

54. Pour faire des gâteaux aux framboises.

Cueillez tous les vers blancs et repérez les framboises; puis écrasez le reste, et placez-les sur un tamis à cheveux au-dessus d'une casserole en terre, en y mettant une planche et un poids pour faire sortir toute l'eau que vous pouvez; puis mettez la pâte dans votre casserole de conservation et séchez-la sur le feu, jusqu'à ce que vous ne perceviez plus d'humidité, c'est-à-dire pas de jus qui en coulera, en la remuant tout le temps qu'il est sur le feu pour l'empêcher brûlant; puis pesez-la, et pour chaque livre, prenez une livre et deux onces de sucre, battez-la en une fine poudre, et mettez le sucre par degrés; quand tout est dedans, mettez-le sur le feu et incorporez-les bien ensemble; puis prenez-les du feu et grattez le tout d'un côté de la casserole; laissez-le refroidir un peu, puis mettez-le dans vos moules; quand il fait assez froid, mettez-les dans votre poêle sans l'épousseter et séchez-le comme d'autres sortes de pâte.

Remarque : vous devez faire particulièrement attention à ce que votre pâte ne bout pas après que votre sucre est entré; car s'il le fait, il deviendra gras et ne sèchera jamais bien.

55. Pour faire des gâteaux clairs aux framboises.

Prenez deux litres de groseilles mûres, ou groseilles blanches, et un litre de framboises rouges, mettez-les dans un pot en pierre et arrêtez-les de fermer; puis mettez-le dans une casserole d'eau froide, autant qu'elle couvrira le cou de la cruche; puis faites-les bouillir dans cette eau jusqu'à ce que tout soit une pâte, puis retournez-les dans un tamis à cheveux, placé sur une casserole, pressez toute la gelée et filtrez-la dans le sac de gelée; à chaque livre de gelée, prenez vingt onces de sucre double raffiné et faites-le bouillir jusqu'à ce qu'il craque dans l'eau; puis prenez-le du feu et mettez-le dans votre gelée, en le remuant sur un feu lent, jusqu'à ce que tout le sucre soit fondu; puis donnez-lui une bonne chaleur jusqu'à ce que tout soit incorporé; puis prenez-le du Feu, écumez-le bien, et remplissez vos verres à gâteaux clairs; puis enlevez ce qui se trouve sur eux et mettez-les dans le poêle pour qu'ils sèchent, en observant la méthode indiquée dans *p. 16.*

Remarque : en remplissant vos Clear-cakes et Clear-Pasttes, vous devez être aussi rapide que possible, car s'il refroidit, ce sera une gelée avant que vous ne puissiez y entrer.

Les gâteaux clairs aux framboises blanches sont préparés de la même manière, en ne mélangeant que des framboises blanches avec les groseilles à maquereau dans l'infusion.

56. Pour faire du Rasberry Clear-Paste.

Prenez deux litres de groseilles à maquereau et deux litres de framboises rouges, mettez-les dans une casserole, avec environ une pinte et demie d'eau; les faire bouillir sur un feu très rapide à un Pommish, puis les jeter sur une casserole en terre, et presser tout le jus; puis prenez ce jus et faites bouillir dedans un autre quart de framboises, puis jetez-les sur un tamis et frottez tout le tamis que vous pouvez; puis mettez dans les graines et pesez la pâte, et pour chaque livre, prenez vingt onces de pain de sucre fin, bouilli, une fois clarifié, jusqu'à ce qu'il craque, puis retirez-le du feu, et mettez-y votre pâte, mélangez-la bien, et mettez-le sur un feu lent, en remuant jusqu'à ce que tout le sucre soit fondu, et[Pg 47]vous trouvez que c'est devenu une gelée; puis prenez-le du feu et remplissez vos pots ou verres, pendant qu'ils sont très chauds, puis écumez-les et mettez-les dans le poêle; observer, à froid, leur séchage, comme en *p. 16* .

57. Faire des biscuits aux framboises.

Pressez le jus et séchez un peu la pâte sur le feu, puis frottez toute la pulpe à travers un tamis; puis pesez, et à chaque livre, prenez dix-huit onces de sucre, tamisées très bien, et les blancs de quatre œufs, mettez le tout dans la casserole ensemble, et avec un battement de Whisp jusqu'à ce qu'il soit très raide, afin que vous puissiez le mettre en joli gouttes élevées; et quand il est tellement battu, déposez-le sous la forme que vous voulez au dos des cartes, (le papier étant trop fin, il sera difficile de l'enlever;) saupoudrez-les un peu avec un sucre très fin, et mettez-les dans un poêle très chaud pour sécher; quand ils seront suffisamment secs, ils sortiront facilement des Cartes; mais tout doux, ils ne bougeront pas; puis prenez et allumez un tamis, et laissez-les rester un jour ou deux dans la cuisinière; puis rangez-les dans votre boîte, et ils resteront, dans un endroit sec, toute l'année sans se déplacer.

58. Pour faire de la pâte de cassis.

Lavez bien vos groseilles et mettez-les dans votre casserole, écrasez-les, et avec un peu d'eau, faites-les bouillir en pulpe, pressez le jus, et pour chaque livre, prenez vingt onces de pain de sucre, faites-les bouillir pour craquer; puis prenez-le du feu et mettez-le dans la pâte; puis chauffez-le au feu, retirez l'écume et mettez-le dans vos pots de pâte ou vos verres, puis séchez-les et gérez-les comme d'autres pâtes.

59. Pour faire de la confiture de framboise.

Appuyez sur l'eau des framboises; puis à chaque livre de framboises prenez une livre de sucre, séchez d'abord les framboises dans une casserole au-dessus du feu, mais gardez-les en remuant, de peur qu'elles ne brûlent; mettez votre Sucre, et incorporez-les bien ensemble, et remplissez vos Verres ou Pots, en les recouvrant de papier blanc fin près de la Confiture, pendant qu'il est chaud; et quand il fait froid, attachez-les avec un autre papier.

60. Pour conserver les pêches entières.

Prenez la pêche de *Newington* , lorsqu'elle est mûre, fendez-la et retirez la pierre, puis préparez une casserole d'eau bouillante, déposez-y les pêches et laissez-les bouillir quelques instants; puis enlevez-les et mettez-les dans autant de Sucre, seulement clarifié, comme cela les couvrira, donnez-leur un tour d'ébullition, puis écumez-les et laissez-les passer jusqu'au lendemain; puis faites bouillir un peu plus de Sucre à souffler très fort, que le Sucre a mis aux Pêches, et donnez-leur une bonne ébullition, écumez-les et faites-les passer jusqu'au lendemain; puis donnez-leur une autre bonne ébullition, écumez-les et mettez-les dans une cuisinière chaude pendant deux jours; puis égouttez-les, étalez-les une moitié sur l'autre, saupoudrez-les et mettez-les dans le fourneau; le jour suivant, retournez-les et dépoussiérez-les, et une fois complètement sec, emballez-les pour utilisation.

61. Pour conserver les chips de pêche.

Éparez vos pêches et sortez les pierres, puis coupez-les en tranches très fines, pas plus épaisses que la lame d'un couteau; puis à chaque livre de chips, prenez une livre et demie de sucre, bouilli pour souffler très fort, puis jetez les chips, et donnez-leur une bonne ébullition, puis laissez-les s'installer un peu, enlevez l'écume et laissez-les reposer un quart d'heure, puis donnez-leur une autre bonne ébullition, et laissez-les reposer comme avant; puis enlevez l'écume, couvrez-les et faites-les passer; le lendemain, égouttez-les, étalez-les petit à petit, époussetez-les et séchez-les dans un poêle chaud; lorsqu'ils sont secs d'un côté, retirez-les de l'assiette avec un couteau et tournez-les sur un tamis; et puis encore, s'ils ne sont pas assez secs, ce qu'ils sont généralement.

62. Pour les mettre dans Jelly.

Dessinez une gelée de Codlins, et quand ils sont suffisamment bouillis, prenez autant de gelée que de sucre, faites bouillir le sucre pour souffler très fort, puis mettez-le dans la gelée, faites-lui bouillir et mettez-le aux puces; donnez à tous une ébullition et écumez-les, puis mettez-les dans vos verres.

63. Pour conserver les noix blanches.

Prenez les plus grosses noix *françaises* , quand elles sont adultes, mais avant qu'elles ne soient dures, coupez la coquille verte au blanc, et mettez-les dans l'eau claire; puis jetez-les dans de l'eau bouillante et faites-les bouillir jusqu'à ce qu'ils soient très tendres; puis égouttez-les et mettez-les dans un Sucre clarifié, donnez-leur une douce chaleur; le lendemain, faites bouillir un peu plus de Sucre à souffler, et mettez-le-leur, en leur faisant bouillir; le lendemain, faites bouillir un peu plus de sucre pour souffler très fort, mettez-le dans les noix, donnez-leur une ébullition, écumez-les et mettez-les, puis égouttez-les et mettez-les sur des assiettes, saupoudrez-les et mettez-les dans un poêle chaud pour sec.

64. Pour conserver les noix noires.

Prenez la plus petite sorte de noix, une fois adulte et non décortiqué; les faire bouillir dans de l'eau jusqu'à ce qu'ils soient très tendres, mais pas pour les briser, afin qu'ils deviennent noirs; puis égouttez-les, mettez un clou de girofle dans chacun, et mettez-les dans votre casserole de conservation, et si vous avez du sirop de pêche, ou de celui des noix blanches, ce sera aussi bien ou meilleur que le sucre; mettez autant de Sirop que vous couvrirez les Noix, faites-les bien bouillir, puis écumez-les et faites-les passer; le lendemain, faites bouillir le sirop jusqu'à ce qu'il devienne lisse, puis mettez les noix et donnez-leur une autre bonne ébullition; le lendemain, égouttez-les et faites bouillir le sirop jusqu'à ce qu'il devienne très lisse, en ajoutant plus de sirop, si l'occasion; donnez à tous une ébullition, écumez-les et mettez-les dans votre pot pour utilisation.

Remarque : ces noix ne sont jamais proposées comme viande sucrée, ne servant à rien d'autre que de purger doucement le corps et de le maintenir ouvert.

65. Pour conserver les nectarines.

Fendez les Nectarines, sortez les Pierres, puis mettez-les dans un Sucre clarifié; faites-les bouillir jusqu'à ce qu'ils aient bien pris le sucre; puis enlevez l'écume, couvrez-les d'un papier et placez-les; le lendemain, faites bouillir un peu plus de sucre jusqu'à ce qu'il souffle très fort, mettez-le dans les nectarines et faites-leur bouillir; enlevez l'écume, couvrez-les et mettez-les dans le poêle; le lendemain, égouttez-les et laissez-les sécher, en les époussetant un peu, puis mettez-les dans la cuisinière.

66. Pour préserver les ambrés verts.

Prenez les aplombs verts ambrés, une fois arrivés à maturité, piquez-les à deux ou trois endroits et mettez-les dans de l'eau froide; puis mettez-les au-dessus du Feu pour échaudage, dans lequel vous devez faire très attention à ne pas laisser l'eau devenir trop chaude, de peur de les blesser; quand elles sont très tendres, mettez-les dans un Sucre très fin, c'est-à-dire une part de sucre et deux parts d'eau; donnez-leur un peu de chaleur dans ce sucre, et couvrez eux plus; le lendemain, donnez-leur à nouveau un Warm; le troisième jour, égouttez-les et faites bouillir le sirop en ajoutant un peu plus de sucre; puis mettez le sirop aux plombs et donnez-leur un chaud; le lendemain, faites de même; le lendemain, faites bouillir le sirop jusqu'à ce qu'il devienne un peu lisse, mettez les plombs et faites-les bouillir; le lendemain, faites bouillir le sirop jusqu'à ce qu'il soit très lisse, puis mettez-le aux plombs, couvrez-les et mettez-les dans la cuisinière; le lendemain, faites bouillir un peu plus de sucre pour souffler très fort, mettez-le au fruit et donnez-le à ébullition, puis mettez-les dans la poêle pendant deux jours; puis égouttez-les et étalez-les à sécher, en les dépoussiérant d'abord très bien, et gérez-les au séchage comme d'autres fruits.

Remarque : si vous trouvez qu'ils rétrécissent lorsque vous les mettez pour la première fois dans Sugar, vous devez les laisser reposer dans ce sirop mince pendant trois ou quatre jours, jusqu'à ce qu'ils commencent à agir; puis jetez ce sirop, commencez le travail comme déjà posé.

67. Pour préserver les oranges vertes.

Prenez les Orange-Plumbs verts, à maturité, avant qu'ils ne tournent, piquez-les avec un fin Bodkin, aussi épais que possible partout; mettez-les au froid Arrosez pendant que vous les piquez, quand tout est fait, placez-les sur un feu très lent, et ébouillantez-les avec le plus grand soin que vous pouvez, rien ne pouvant se casser, car si la peau vole, elle ne vaut rien; quand ils sont très tendres, retirez-les du feu et mettez-les dans la même eau pendant deux ou trois jours; quand ils deviennent aigres et commencent à flotter sur le dessus de l'eau, veillez à bien les égoutter; puis mettez-les en rangées simples dans votre moule à conserves, et mettez-y autant de sucre fin qu'il en couvrira, c'est-à-dire une partie de sucre et deux parties d'eau; puis placez-les au-dessus du feu, et réchauffez-les par degrés jusqu'à ce que vous aperceviez que l'aigreur soit partie, et que les plombs soient coulés au fond, faites-les passer; et le lendemain, jetez ce sirop, et mettez-leur un sucre frais, d'une part de sucre et d'une part d'eau; dans ce sucre, donnez-leur plusieurs chaleurs, mais ne les faites pas bouillir, de peur de les faire éclater; puis couvrez-les et placez-les dans une cuisinière chaude afin qu'ils puissent aspirer le sucre qu'ils veulent; le lendemain, égouttez le sucre et faites-le bouillir jusqu'à ce qu'il devienne lisse, en ajoutant un peu plus de sucre frais; versez-y ce sucre et remettez-les dans la cuisinière; le lendemain, faites bouillir le sirop pour qu'il devienne très lisse et versez-le sur vos plombs, et donnez à tous une douce ébullition, écumez-les et mettez-les dans le poêle; le jour suivant, égouttez-les de ce sirop et faites bouillir du sucre frais, autant que vous jugez les couvriront, jusqu'à ce qu'ils soient très doux, mettez-les à vos plombs, et donnez à tous une très bonne ébullition couverte; puis retirez l'écume et couvrez-les, laissez-les reposer dans le poêle deux jours, puis égouttez-les et étalez-les pour les sécher en les époussetant très bien.

68. Pour préserver le vert Mogul-Plumb.

Prenez cet Aplomb quand juste au moment où il est mûr, piquez avec un couteau à plume jusqu'à la pierre même de ce côté où se trouve la fente, mettez-les dans l'eau froide pendant que vous les faites, puis mettez-les sur un feu très lent à ébouillanter; quand ils sont devenus très tendres, sortez-les soigneusement de l'eau et mettez-les dans un sucre fin, c'est-à-dire moitié sucre et moitié eau, réchauffez-les doucement, puis couvrez-les et laissez-les passer; le jour suivant, donnez-leur un autre Warm et faites-les passer; le lendemain égouttez leur sirop et faites-le bouillir lisse, en y ajoutant un peu de sucre frais, et faites-leur bouillir doucement, le jour après faire bouillir le sucre très lissez, versez-le dessus et mettez-les dans la cuisinière pendant deux jours; puis égouttez-les et faites bouillir un Sucre frais pour être bien onctueux, ou juste pour souffler un peu, mettez-le à vos Plombs et donnez-leur une bonne Bouillance couverte; puis écumez-les et mettez-les dans la cuisinière pendant deux jours, puis égouttez-les et laissez-les sécher en les époussetant très bien.

69. Pour préserver le vert Admirable-Plumb.

C'est un petit plomb rond, à peu près de la taille d'une demoiselle; il laisse la pierre, quand il est mûr, est quelque peu incliné vers une couleur jaune, et mérite très bien son nom, étant du plus beau vert une fois terminé, et avec la dixième partie du problème et de la charge, comme vous le trouverez sur le reçu .

Prenez cet Aplomb, une fois adulte, et juste au Tour, piquez-les avec un couteau-stylo en deux ou trois endroits, et échaudez-les par degrés jusqu'à ce que l'eau devienne très chaude, car ils porteront même l'ébullition; continuez-les dans l'eau jusqu'à ce qu'ils deviennent verts, puis égouttez-les et mettez-les dans un sucre clarifié, faites-les bouillir très bien, puis laissez-les reposer un peu, et donnez-leur une autre ébullition; si vous voyez qu'ils rétrécissent et ne prennent pas très bien le sucre, piquez-les avec une fourchette partout pendant qu'ils se trouvent dans la casserole, et donnez-leur une autre ébullition, écumez-les et faites-les passer; le jour suivant, faites bouillir un autre sucre jusqu'à ce qu'il souffle, et mettez-le-leur, et donnez-leur une bonne ébullition, puis écumez-les et mettez-les dans la cuisinière pour une nuit; le lendemain, égouttez-les et étalez-les, en les époussetant d'abord.

70. Pour conserver les Ambre-Plombs jaunes.

Prenez ces Plumbs, lorsqu'ils sont bien mûrs, mettez-les dans votre Casserole, mettez-y autant de Sucre que vous en aurez besoin, et faites-leur bouillir; puis laissez-les s'installer un peu, et donnez-leur une autre ébullition trois ou quatre fois autour du feu, écumez-les, et le lendemain, égouttez-les du sirop, remettez-les à nouveau dans la casserole et faites bouillir autant de sucre frais que vous en couvrirez. les souffler; donnez-leur une ébullition complète, écumez-les, et mettez-les dans le fourneau vingt-quatre heures; puis égouttez-les et laissez-les sécher après les avoir bien époussetées.

Remarque : dans l'échaudage des plombs verts, vous devez toujours avoir un tamis au fond de votre casserole pour y mettre vos plombs, afin qu'ils ne touchent pas le fond, pour ceux qui le font, ils éclateront avant que les autres ne soient quelque chose de chaud.

71. Mettre les plombs dans la gelée.

Chacune de ces sortes d'aplombs est très agréable en gelée, et la même méthode fera l'affaire pour tous comme pour une: je pourrais faire une différence qui ne ferait qu'aider à confondre le pratiquant, et ainsi gonfler ce traité dans de nombreux endroits; mais, comme je l'ai promis, je m'efforcerai de définir la méthode la plus simple possible pour éviter la Prolixité, et je procéderai comme ci-dessus, à *savoir*.

Lorsque vos Plumbs sont conservés dans leur premier Sucre, et que vous les avez égouttés pour les mettre en un second, ils sont alors aptes à être mis en Liquide, ce que vous devez faire ainsi: Drain the Plumbs, et filtrez le sirop dans un sac; puis faites une gelée de quelques plombs mûrs et de morues ensemble, en les faisant bouillir dans autant d'eau que cela les couvrira, pressez le jus et égouttez-le, et à chaque pinte de Faire bouillir une livre de sucre pour souffler très fort, mettre le jus et faire bouillir un peu; puis mettez le sirop et les plombs, et faites bouillir le tout; puis laissez-les s'installer un peu, écumez-les et remplissez vos Verres ou Pots.

72. Pour conserver les figues vertes.

Prenez les petites figues vertes, fendez-les sur le dessus et mettez-les dans du sel et de l'eau pendant dix jours, et faites votre cornichon comme suit.

Mettez dans l'eau autant de sel qu'il en fera porter un œuf, puis laissez-le reposer, retirez l'écume et mettez la saumure claire sur les figues, et gardez-les dans l'eau pendant dix jours; puis mettez-les dans de l'eau douce et faites-les bouillir jusqu'à ce qu'une épingle y passe facilement; puis égouttez-les et mettez-les dans une autre eau douce, en les changeant chaque jour pendant quatre jours; puis égouttez-les et mettez-les dans un Sucre clarifié; donnez-leur un peu de chaleur et laissez-les reposer jusqu'au lendemain; puis réchauffez-les à nouveau, et quand ils sont devenus verts, donnez-leur une bonne ébullition, puis faites bouillir un autre sucre à souffler, mettez-leur et donnez-leur une autre bonne ébullition; le lendemain, égouttez-les et séchez-les.

73. Pour conserver les figues mûres.

Prenez les figues blanches mûres, coupez-les dans le dessus, mettez-les dans un sucre clarifié et faites-leur bouillir; puis écumez-les et faites-les passer; le lendemain, faites bouillir encore du sucre jusqu'à ce qu'il souffle, versez-le dessus, et faites-les bouillir à nouveau très bien, écumez-les et mettez-les dans la cuisinière; le lendemain, égouttez-les et laissez-les sécher en les époussetant très bien.

74. Pour conserver les oranges vertes.

Prenez les oranges vertes et fendez-les d'un côté, et mettez-les dans une saumure de sel et d'eau, aussi forte que portera un œuf, dans lequel vous devez les tremper au moins quinze jours; puis égouttez-les et mettez-les dans de l'eau fraîche, et faites-les bouillir tendres; puis mettez-les dans l'eau douce, à nouveau, en les déplaçant tous les jours pendant cinq jours ensemble; donnez-leur ensuite un autre échaudure, et mettez-les dans un sucre clarifié; puis faites-leur bouillir et faites-les bouillir jusqu'au lendemain, puis faites-les bouillir à nouveau; le suivant[Pg 62]Jour, ajoutez un peu plus de sucre et donnez-leur une autre ébullition; le lendemain, faites bouillir le sirop très lisse et versez-le dessus, et conservez-les pour une utilisation.

Notez que si à tout moment vous apercevez que le sirop commence à agir, vous devez les égoutter et faire bouillir le sirop très lisse et le verser dessus; mais si le premier se révèle aigre, vous devez le faire bouillir de même. Les citrons verts sont préparés de la même manière.

Notez également , si les oranges sont quelque chose de gros, vous devez retirer la viande de l'intérieur.

75. Pour conserver les raisins verts.

Prenez les plus gros et les meilleurs raisins avant qu'ils ne soient complètement mûrs, lapidez-les et échaudez-les, mais laissez-les reposer deux jours dans l'eau dans laquelle ils ont été brûlés; puis égouttez-les et mettez-les dans un sirop fin, et donnez-leur une chaleur sur un feu lent; le jour suivant, mettez les raisins dans la poêle et réchauffez-les à nouveau; le lendemain, égouttez-les et mettez-les dans un Sucre clarifié, faites-leur bouillir,[Pg 63]et écumez-les, et faites-les passer; le jour suivant, faites bouillir un peu plus de sucre à souffler, mettez-le aux raisins, faites-leur bouillir, écumez-les et mettez-les dans une cuisinière chaude toute la nuit; le lendemain, égouttez-les et laissez-les sécher en les époussetant très bien.

76. Conserver les raisins clochettes en gelée.

Prenez la longue et grande cloche ou Rouson-Raisins, et cueillez-les des tiges, puis pierrez-les et mettez-les dans de l'eau bouillante, et donnez-leur une échaudure complète; puis retirez-les du Feu et couvrez-les de façon à ce qu'aucune vapeur ne puisse sortir; puis mettez-les sur un feu très doux, pour ne pas bouillir pendant deux ou trois heures; puis enlevez-les, et mettez-les dans un Sucre clarifié bouilli, jusqu'à ce qu'il souffle très fort, autant de Sucre qu'il n'en couvrira un peu plus; puis donnez-leur une bonne ébullition et laissez-les reposer un peu: puis donnez-leur une autre ébullition, écumez-les, puis faites bouillir un autre sucre pour souffler très fort; et prenez autant de Plumb-Jelly que de Sucre, et donnez à tous une ébullition, puis ajoutez-y les raisins, et donnez-leur tous ensemble une ébullition, écumez-les bien et mettez-les dans vos pots ou verres.